المدرسة - escuela 2

سفر - viaje 5

نقل - transporte 8

مدينة - ciudad 10

طبيعة ريفية - paisaje 14

مطعم - restaurante 17

سوبرماركت - supermercado 20

مشروبات - bebida 22

طعام - comida 23

مزرعة - granja 27

بيت - casa 31

غرفة جلوس - cuarto de estar 33

مطبخ - cocina 35

الحمّام - cuarto de baño 38

غرفة الأطفال - cuarto de los niños 42

ثياب - vestimenta 44

مكتب - oficina 49

اقتصاد - economía 51

المهَن - ocupaciones 53

عدة عمل - herramientas 56

آلات موسيقية - instrumentos musicales 57

حديقة حيوانات - zoológico 59

رياضة - deporte 62

نشاطات - actividades 63

عائلة - familia 67

الجسم - cuerpo 68

المستشفى - hospital 72

حالة - emergencia 76

أرض - Tierra 77

ساعة - reloj 79

أسبوع - semana 80

سنة - año 81

أشكال - formas 83

ألوان - colores 84

الأضداد - opuestos 85

أرقام - números 88

اللغات - idiomas 90

من / ماذا / كيف - quién / qué / cómo 91

أين - donde 92

Impressum
Verlag: BABADADA GmbH, Nedderfeld 112 , 22529 Hamburg
Geschäftsführer / Verlagsleitung: Harald Hof
Druck: Books on Demand GmbH, In de Tarpen 42, 22848 Norderstedt

Imprint
Publisher: BABADADA GmbH, Nedderfeld 112 , 22529 Hamburg, Germany
Managing Director / Publishing direction: Harald Hof
Print: Books on Demand GmbH, In de Tarpen 42, 22848 Norderstedt, Germany

المدرسة

escuela

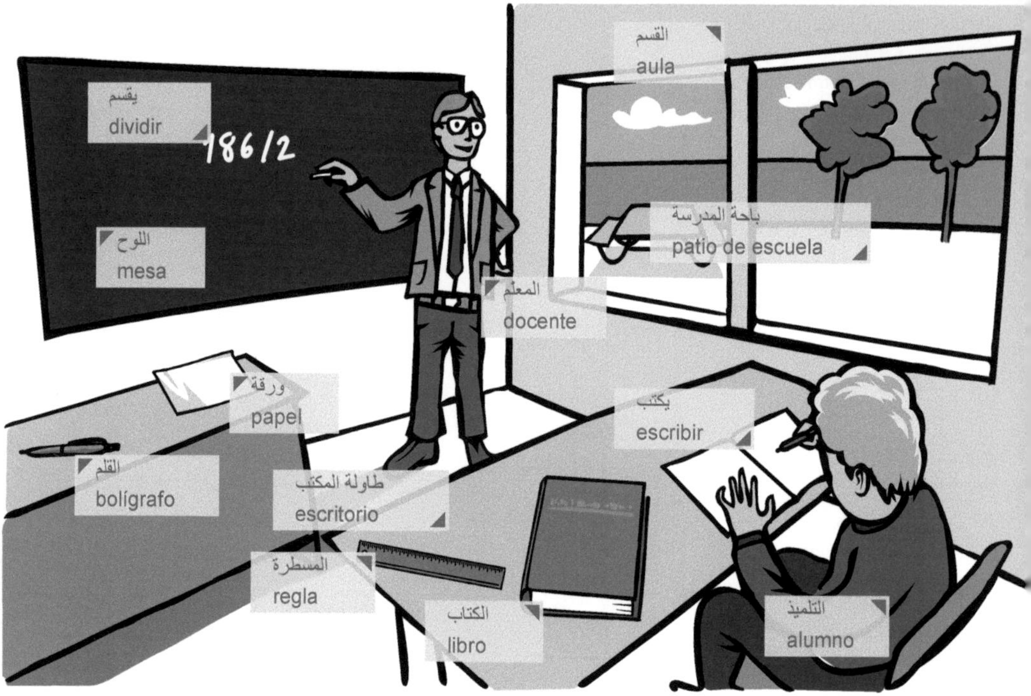

القسم
aula
يقسم
dividir
186/2
اللوح
mesa
باحة المدرسة
patio de escuela
المعلّم
docente
ورقة
papel
يكتب
escribir
القلم
bolígrafo
طاولة المكتب
escritorio
المسطرة
regla
الكتاب
libro
التلميذ
alumno

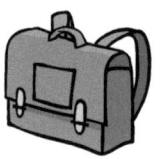

الحقيبة المدرسية

....

mochila escolar

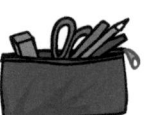

المقلمة

....

caja de lápices

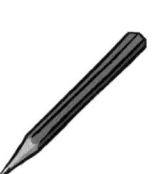

قلم الرصاص

....

lápiz

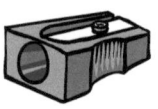

البرّاية

....

sacapuntas

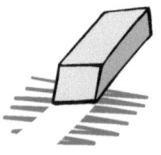

المِمحاة

....

goma de borrar

دفتر الرسم

....

bloc de dibujo

الرسمة

dibujo

الفرشاة

pincel

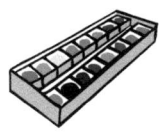

علبة التلوين

caja de pinturas

المقص

tijera

المادة اللاصقة

pegamento

دفتر التمارين

libro de ejercicios

الواجب المدرسي

tarea

número

12

الرقم

2+2

يجمع

sumar

5-2

يطرح

restar

2×2

يضرب

multiplicar

يحسب

calcular

A

الحرف

letra

ABCDEFG
HIJKLMN
OPQRSTU
VWXYZ

الأبجدية

alfabeto

hello

كلمة

palabra

النص

texto

يقرأ

leer

الطبشور

tiza

الحصة

lección

دفتر الدوام المدرسي

libro de clase

الامتحان

examen

شهادة

certificado

اللباس المدرسي

uniforme escolar

التعليم

educación

الموسوعة

enciclopedia

الجامعة

universidad

المجهر

microscopio

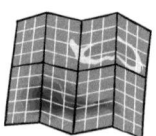

الخريطة

mapa

قماما

cesto de papeles

سفر

viaje

فندق
hotel
Grand
بيت الشباب
albergue
ROOMS
CHANGE
مكتب صرافة
casa de cambio
حقيبة
maleta
سيارة
auto

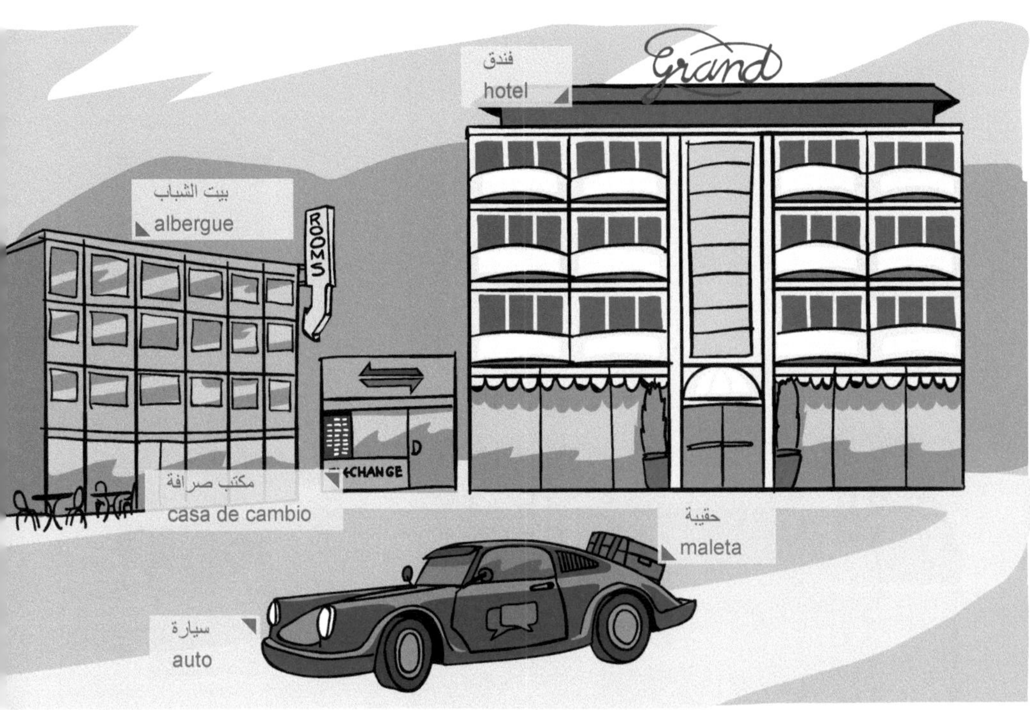

اللغة

idioma

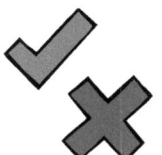

نعم / لا

sí / no

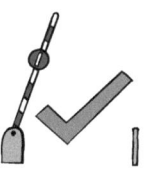

حسناً

ok

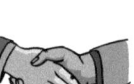

مرحباً

hola

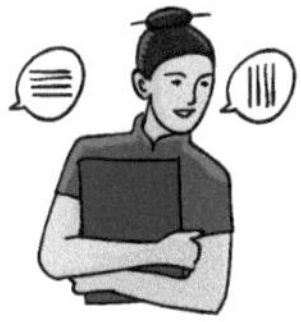

مترجم

intérprete

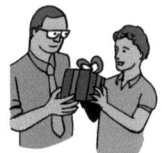

شكراً

gracias

كم ثمن ... ؟

¿Cuánto cuesta…?

لا أفهم

No entiendo

مشكلة

problema

مساء الخير

¡Buenas tardes!

صباح الخير!

¡Buenos días!

ليلة سعيدة

¡Buenas noches!

إلى اللقاء

adiós

اتجاه

dirección

أمتعة السفر

equipaje

حقيبة

bolso

حقيبة ظهر

mochila

ضيف

invitado

غرفة

cuarto

كيس للنوم

saco de dormir

خيمة

tienda de campaña

استعلامات سياحِية

información al turista

شاطئ

playa

بطاقة ائتمان

tarjeta de crédito

إفطار

desayuno

طعام الغداء

almuerzo

العشاء

cena

بطاقة سفر

pasaje

مصعد

ascensor

طابع بريدي

sello

حدود

límite

الجمارك

aduana

سفارة

embajada

تأشيرة

visa

جواز سفر

pasaporte

transporte

طائرة
avión

سفينة
barco

سيارة إطفاء
coche de bomberos

خافلة
bus

سيارة شاحنة
camión

زورق آلي
lancha a motor

درّاجة
bicicleta

سيارة
auto

عبارة
balsa

قارب
lancha

دراجة نارية
motocicleta

سيارة شرطة
auto de policía

سيارة سباق
auto de carreras

سيارة مستأجرة
auto de alquiler

أسلوب تشاركي في استئجار السيارات

alquiler de autos

سيارة للجر

grúa

سيارة نقل القمامة

vehículo recolector de basura

محرك

motor

وقود

gasolina

محطة وقود

gasolinera

إشارة مرور

señal de tráfico

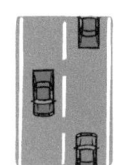

حركة السير

tránsito

ازدحام سير

atasco

موقف سيارات

estacionamiento

محطة قطار

estación de tren

سكك حديدية

carril

قطار

tren

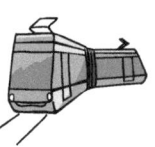

ترام

tranvía

عربة قطار

vagón

طائرة مروحية

helicóptero

مطار

aeropuerto

برج

torre

مسافر

pasajero

حاوية

contenedor

علبة كرتون

caja de cartón

عربة يد

carro

سلة

cesta

يقلع / يهبط

despegar / aterrizar

مدينة

ciudad

قرية

aldea

مركز المدينة

centro de la ciudad

بيت

casa

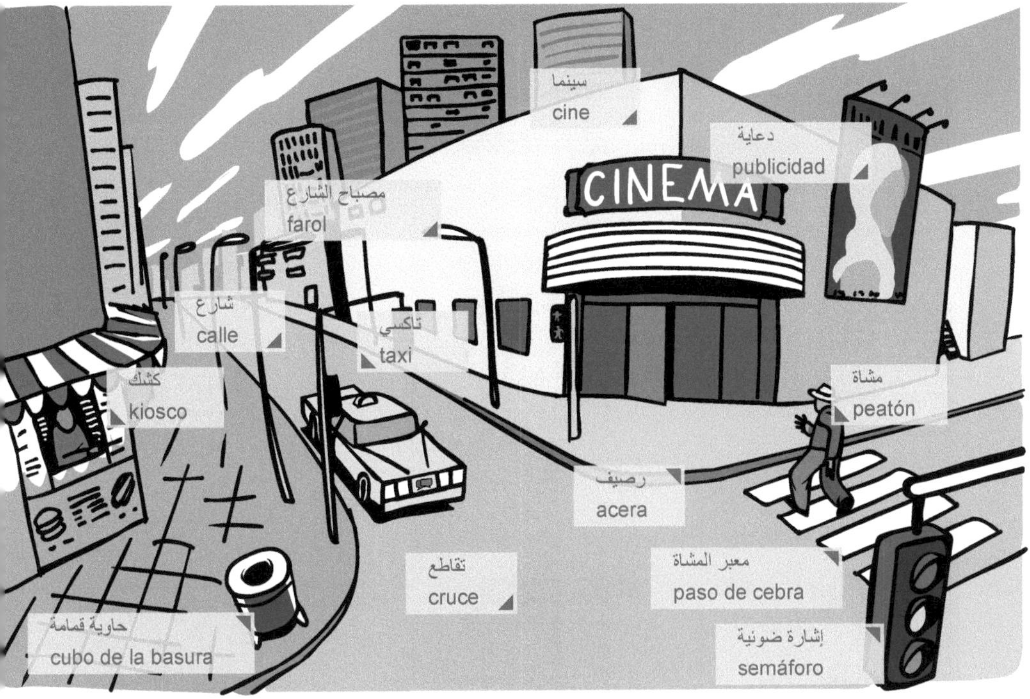

Scene labels

سينما
cine

دعاية
publicidad

مصباح الشارع
farol

شارع
calle

تاكسي
taxi

كشك
kiosco

مشاة
peatón

رصيف
acera

تقاطع
cruce

معبر المشاة
paso de cebra

حاوية قمامة
cubo de la basura

إشارة ضوئية
semáforo

كوخ
....
cabaña

شقة
....
apartamento

محطة قطار
....
estación de tren

دار البلدية
....
ayuntamiento

متحف
....
museo

المدرسة
....
escuela

الجامعة

universidad

مصرف

banco

المستشفى

hospital

فندق

hotel

صيدلية

farmacia

مكتب

oficina

مكتبة

librería

متجر

negocio

محل لبيع الزهور

florería

سوبرماركت

supermercado

سوق

mercado

متجر كبير

grandes almacenes

تاجر السمك

pescadería

مركز تسوّق

centro comercial

ميناء

puerto

حديقة عامة

parque

مقعد

banco

جسر

puente

درج، سلم

escalera

مترو

metro

نفق

túnel

موقف حافلات

parada de autobuses

بار

bar

مطعم

restaurante

صندوق البريد

buzón de correo

لافتة باسم الشارع

letrero

مقياس زمن الوقوف

parquímetro

حديقة حيوانات

zoológico

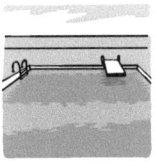

مسبح

piscina

مسجد

mezquita

مزرعة

granja

تلوث البيئة

polución

مقبرة

cementerio

كنيسة

iglesia

ملعب الأطفال

parque infantil

معبد

templo

طبيعة ريفية

paisaje

ورقة
hoja

علامة إرشاد
indicador de camino

طريق
sendero

مرج
pradera

حجر
piedra

شجرة
árbol

رحالة
caminante

نهر
río

عشب
pasto

زهرة
flor

وادٍ

valle

جبل

montaña

بحيرة

lago

غابة

bosque

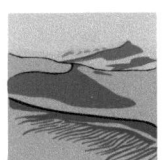

صحراء

desierto

بركان

volcán

قلعة

castillo

قوس قزح

arco iris

فطر

seta

نخلة

palmera

بعوض

mosquito

ذبّانة

mosca

نملة

hormiga

نحلة

abeja

عنكبوت

araña

خنفساء

escarabajo

ضفدعة

rana

سنجاب

ardilla

قنفذ

erizo

أرنب

liebre

بومة

lechuza

عصفور

pájaro

بجعة

cisne

خنزير برّي

jabalí

غزال

ciervo

إلكة

alce

سد

embalse

دولاب الطاحونة الهوائية

aerogenerador

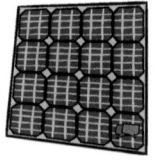

خلية شمسية

módulo solar

مناخ

clima

مطعم

restaurante

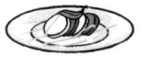

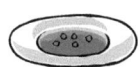

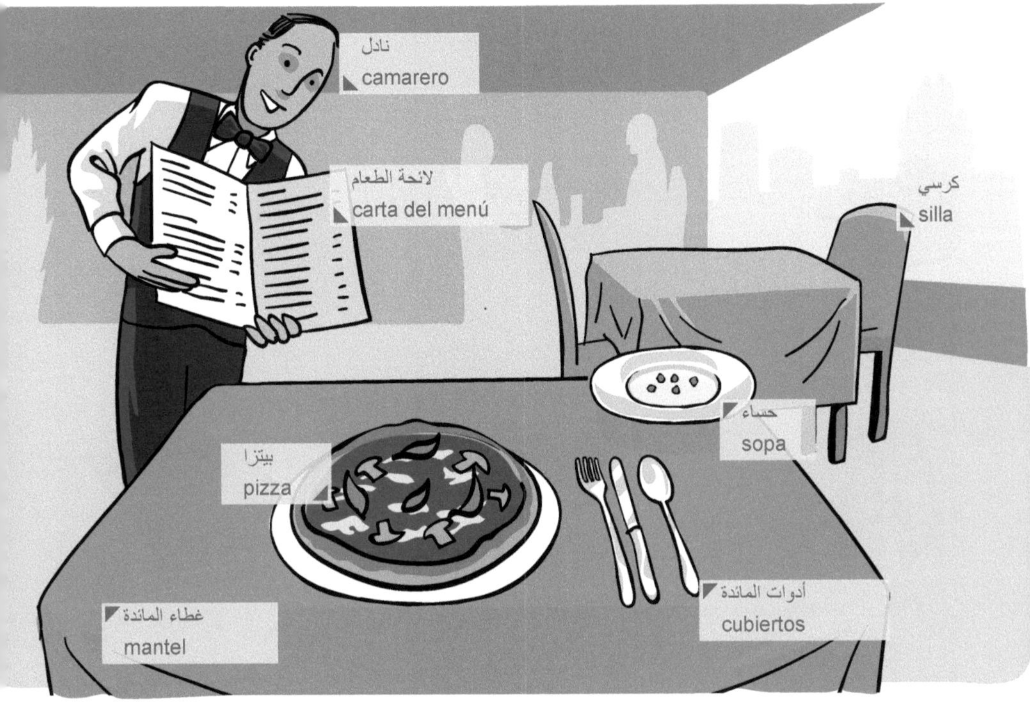

نادل
camarero
لائحة الطعام
carta del menú
كرسي
silla
حساء
sopa
بيتزا
pizza
أدوات المائدة
cubiertos
غطاء المائدة
mantel

مقبلات

entrada

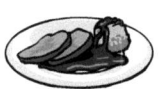

الصحن الرئيسي

plato principal

حلوى أو فاكهة بعد الطعام

postre

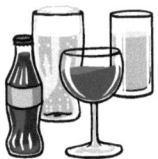

مشروبات

bebida

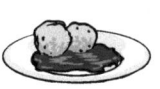

طعام

comida

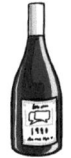

زجاجة

botella

وجبات سريعة

comida rápida

طعام الشارع

comida callejera

إبريق الشاي

tetera

علبة السكر

azucarera

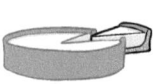

حصّة

porción

آلة الإسبريسو

máquina de espresso

كرسي عالٍ

silla alta

فاتورة

factura

صينية

bandeja

سكين

cuchillo

شوكة

tenedor

ملعقة

cuchara

ملعقة الشاي

cuchara de té

منديل المائدة

servilleta

كأس

vaso

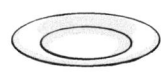

صحن

plato

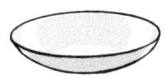

صحن الحساء

plato de sopa

صحن الفنجان

platillo

صلصة

salsa

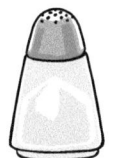

مملحة

salero

مطحنة الفلفل

molinillo para pimienta

خلّ

vinagre

زيت الطعام

aceite

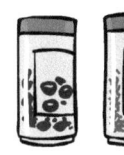

توابل

especias

كتشاب

ketchup

خردل

mostaza

مايونيز

mayonesa

supermercado

عرض خاص
oferta

زبون
cliente

مشتقات الحليب
productos lácteos

عربة تسوق
carrito de compras

فواكه
fruta

FOR

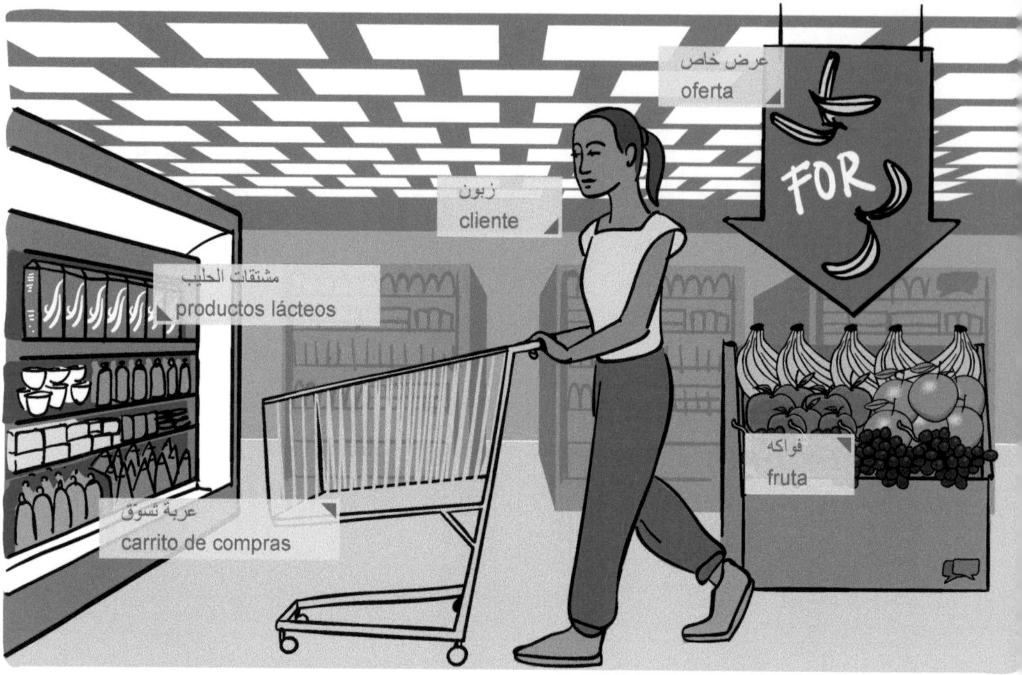

جزّار
carnicería

مخبز
panadería

يزن
pesar

خضار
verdura

لحم
carne

المأكولات المجمّدة
alimentos congelados

مرتدلا أو جبن

fiambre

معلبات

conservas

مسحوق الغسيل

detergente en polvo

حلويات

dulces

المواد المنزلية

artículos domésticos

منظفات

productos de limpieza

بائعة

vendedora

صندوق الحساب

caja

أمين صندوق

cajero

قائمة المشتريات

lista de compras

أوقات العمل

horario de atención

محفظة النقود

cartera

بطاقة انتمان

tarjeta de crédito

حقيبة

maleta

كيس بلاستيكي

bolsa plástica

ماء

agua

عصير

jugo

حليب

leche

كولا

refresco de cola

نبيذ

vino

بيرة

cerveza

كحول

alcohol

كاكاو

cacao

شاي

té

قهوة

café

قهوة إسبريسو

espresso

كابوتشينو

cappuccino

موزة

banana

تفاح

manzana

برتقال

naranja

بطيخ

sandía

ليمون

limón

جزرة

zanahoria

ثوم

ajo

خيزران

bambú

بصل

cebolla

فطر

seta

لوزيات

nueces

شعيرية

fideos

سباغيتي

espagueti

أرزّ

arroz

سلطة

ensalada

بطاطا مقلية

patatas fritas

بطاطا مقلية

patatas salteadas

بيتزا

pizza

هامبورغر

hamburguesa

ساندويش

sándwich

شريحة لحم مقلية

escalope

لحم خنزير

jamón

سلامي

salame

سجق

embutido

دجاج

pollo

لحم محمر

asado

سمك

pescado

دقيق الشوفان

copos de avena

موسلي

musli

كورن فلكس

copos de maíz tostado

طحين

harina

كرواسان

croissant

خبز صغير

panecillo

خبز

pan

خبز محمص

tostada

بسكويت

galletas

زبدة

mantequilla

لبن زبادي

cuajada

كعكة

pastel

بيضة

huevo

بيض مقلي

huevo frito

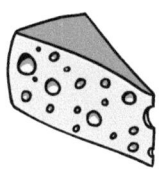

جبنة

queso

مثلجات
helado

سكر
azúcar

عسل
miel

مربّى الفاكهة
mermelada

كريم النوغا
praliné

الكاري
curry

مزرعة

granja

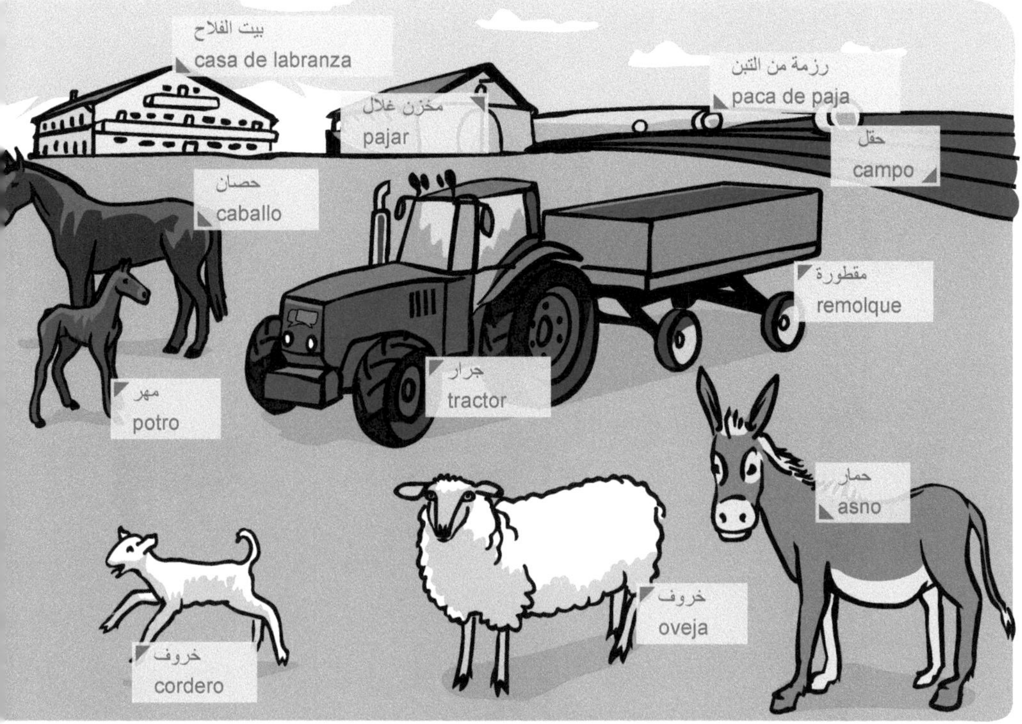

بيت الفلاح
casa de labranza
مخزن غلال
pajar
رزمة من التبن
paca de paja
حقل
campo
حصان
caballo
مقطورة
remolque
جرار
tractor
مهر
potro
حمار
asno
خروف
oveja
خروف
cordero

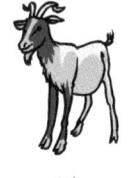

ماعز

cabra

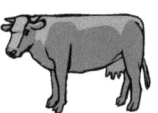

بقرة

vaca

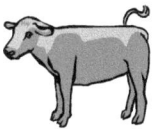

عجل

ternero

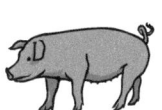

خنزير

cerdo

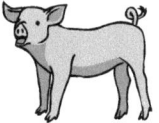

خنزير صغير

lechón

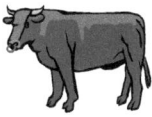

ثور

toro

إوزّة
....
ganso

بطة
....
pato

صوص
....
polluelo

دجاجة
....
pollo

ديك
....
gallo

جرذ
....
rata

قطّة
....
gato

فأر
....
ratón

ثور
....
buey

كلب
....
perro

كوخ الكلب
....
caseta del perro

خرطوم الحديقة
....
manguera de riego

إبريق
....
regadera

منجل
....
guadaña

المحراث
....
arado

منجل

hoz

معزقة

azada

مذراة الزبل

bieldo

بلطة

hacha

عربة يد

carretilla

معلف

abrevadero

صفيحة الحليب

lechera

كيس

saco

سياج

cerca

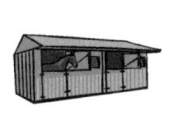

اصطبل

establo

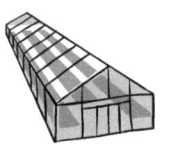

دفيئة

invernadero

تربة

suelo

بذور

semilla

سماد

fertilizante

حصّادة درّاسة

cosechadora

يحصد
....
cosechar

محصول
....
cosecha

بطاطا يامس
....
raíz de ñame

قمح
....
trigo

صويا
....
soja

بطاطا
....
patata

ذرة
....
maíz

سلجم
....
colza

شجرة فاكهة
....
Árbol frutal

نبات منيهوت
....
mandioca

الحبوب
....
cereales

بيت

casa

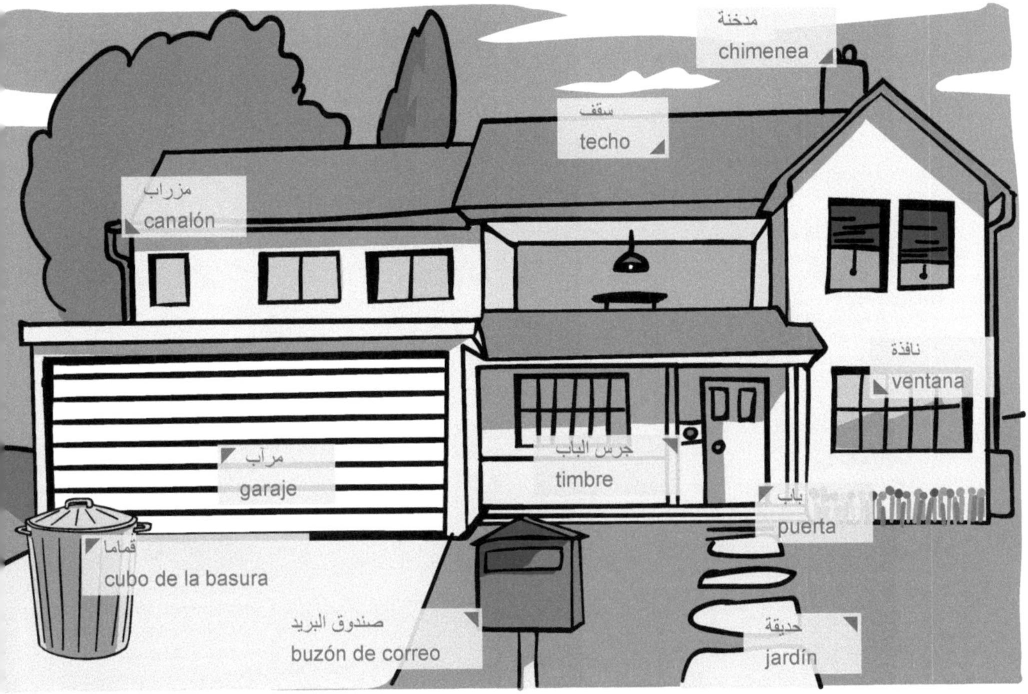
مدخنة
chimenea
سقف
techo
مزراب
canalón
نافذة
ventana
مرآب
garaje
جرس الباب
timbre
باب
puerta
قمامة
cubo de la basura
صندوق البريد
buzón de correo
حديقة
jardín

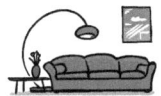

غرفة جلوس

cuarto de estar

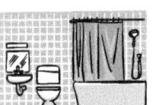

الحمّام

cuarto de baño

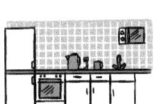

مطبخ

cocina

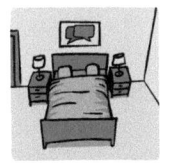

غرفة النوم

dormitorio

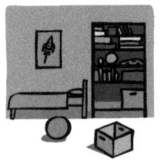

غرفة الأطفال

cuarto de los niños

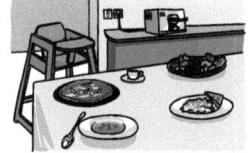

غرفة الطعام

comedor

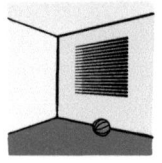

أرضية

piso

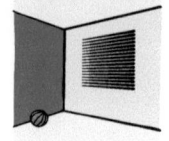

حائط

pared

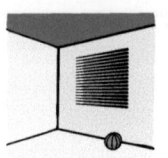

سقف

cielorraso

قبو

sótano

ساونا

sauna

بلكون

balcón

شرفة

terraza

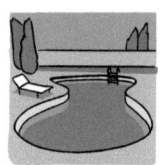

مسبح

piscina

جزّازة العشب

cortacésped

بياضات السرير

funda nórdica

بطانية

edredón

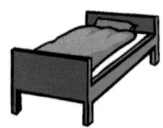

سرير

cama

مكنسة

escoba

سطل

cubo

مفتاح كهربائي

interruptor

غرفة جلوس

cuarto de estar

ورق جدران
papel para empapelar
صورة
imagen
مصباح كهربائي
lámpara
رف
estante
خزانة
gabinete
تلفزيون
televisor
موقد مفتوح
hogar
زهرة
flor
وسادة
cojín
كنبة
sofá
مزهرية
florero
تحكم عن بعد
control remoto

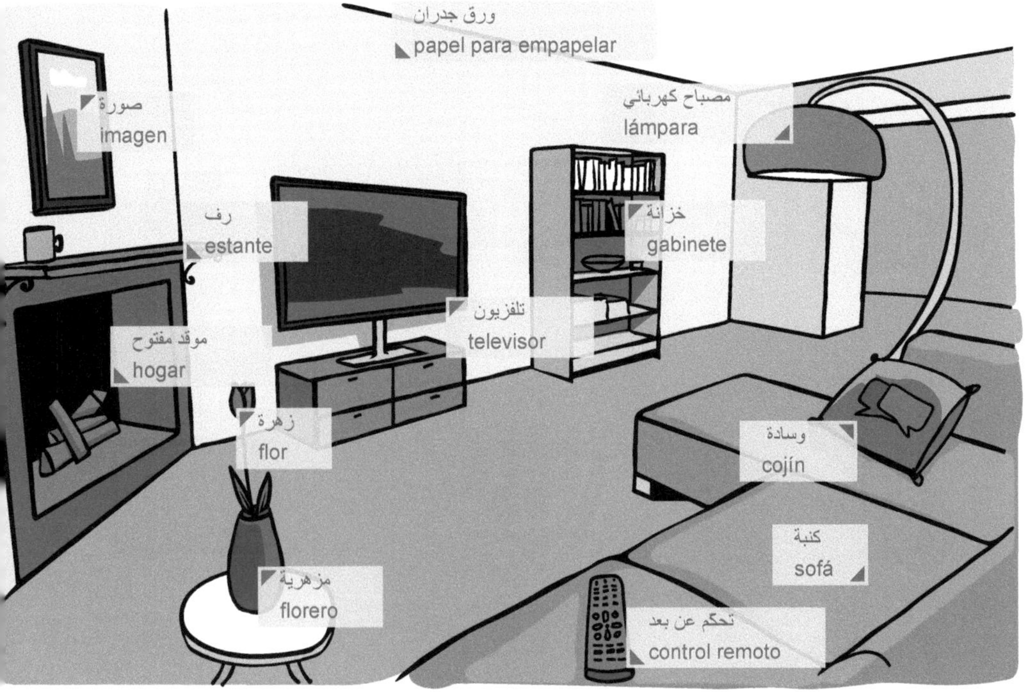

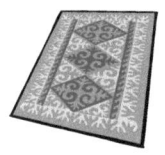

بصاط
....
alfombra

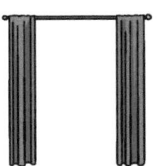

ستارة
....
cortina

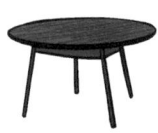

طاولة
....
mesa

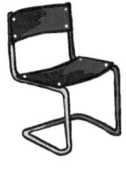

كرسي
....
silla

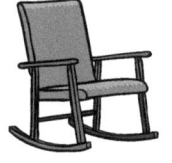

كرسي هزّاز
....
mecedora

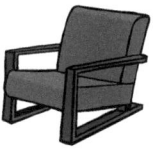

كرسي ذو ذراعين
....
sillón

الكتاب

libro

بطانية

frazada

زخرفة

decoración

الحطب

leña

فيلم

film

تجهيزات ستيريو

equipo estereofónico

مفتاح

llave

جريدة

periódico

لوحة مرسومة

cuadro

مُلصق

póster

راديو

radio

دفتر ملاحظات

bloc de notas

المكنسة الكهربائية

aspiradora

صبّار

cactus

شمعة

vela

مطبخ
cocina

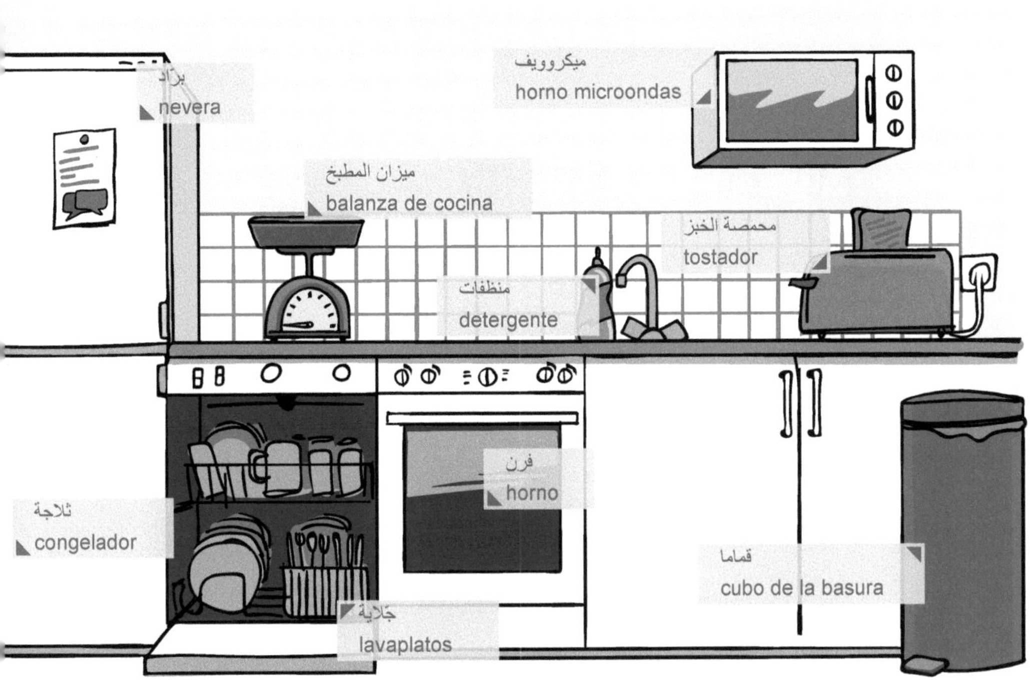
برّاد
nevera
ميكروويف
horno microondas
ميزان المطبخ
balanza de cocina
محمصة الخبز
tostador
منظفات
detergente
فرن
horno
ثلاجة
congelador
قماما
cubo de la basura
جَلاية
lavaplatos

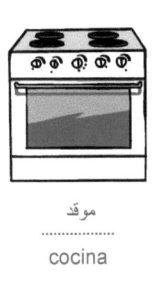

موقد
....
cocina

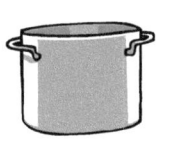

قِدر
....
olla

وعاء من الحديد
....
olla de fundición de hierro

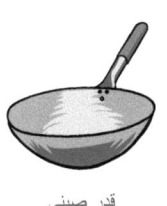

قدر صيني
....
wok / kadai

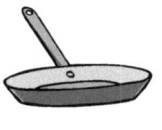

مقلاة
....
sartén

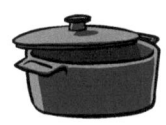

غلاية
....
hervidor de agua

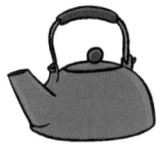

قدر البخار

olla de vapor

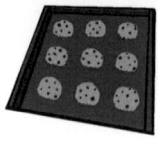

صينية

bandeja de horno

أواني

vajilla

فنجان

vaso

صحن

bol

عيدان الأكل

palillos para comer

مغرفة

cucharón de sopa

ملعقة منبسطة

espátula

خفاقة

batidor

مصفاة

colador

مصفاة

cedazo

مبشرة

rallador

هاون

mortero

صواء

parrillada

موقد

fogata

لوح التقطيع

tabla de picar

نشّابة

rodillo

مفتاح الزجاجات

sacacorchos

علبة

lata

مفتاح العلب المعدنية

abrelatas

قماش الفرن

agarrador

مجلى

fregadero

فرشاة

cepillo

إسفنج

esponja

خلاط

batidora

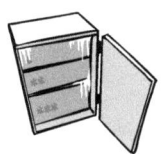

مجمّدة

arcón congelador

زجاجة الطفل

biberón

صنبور الماء

grifo

cuarto de baño

تدفئة
calefacción

دوش
ducha

منشفة
toalla

ستارة الدوش
cortina para ducha

حمام رغوة
baño de espuma

حوض الحمام
bañera

كأس
vaso

غسّالة
lavadora

بلاط
baldosa

صنبور الماء
grifo

قفازات مطاطية
orinal

مجلى
fregadero

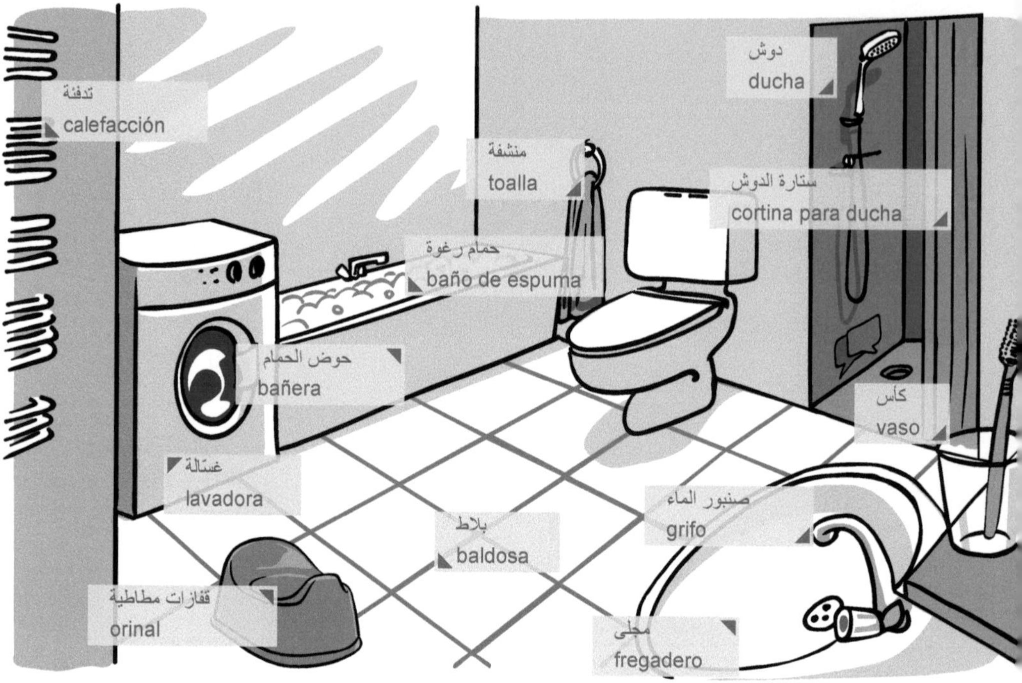

حمام
cuarto de baño

مرحاض القرفصاء
placa turca

حوض التشطيف
bidé

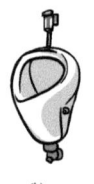

مبولة
urinario

ورق المرحاض
papel higiénico

فرشاة الحمام
escobilla para el cuarto de
baño

فرشاة الأسنان

cepillo de dientes

معجون الأسنان

pasta dentífrica

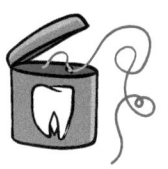

خيط حرير لتنظيف الأسنان

seda dental

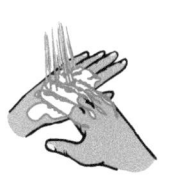

يغسل

lavar

رشاش ماء يدوي

ducha teléfono

شطاف

ducha higiénica

حوض الغسيل

cuenco

فرشاة الظهر

cepillo para la espalda

صابون

jabón

جيل الدوش

gel de ducha

شامبو

champú

ممسحة

manopla para baño

مصرف للماء

desagüe

مرهم

crema

مزيل الروائح

desodorante

مرآة
....
espejo

مرآة يد
....
espejo de maquillaje

موس حلاقة
....
máquina de afeitar

رغوة الحلاقة
....
espuma de afeitar

كولونيا
....
loción para después del afeitado

مشط
....
peine

فرشاة
....
cepillo

سشوار
....
secador para cabello

مثبت للشعر
....
laca de peinado

ماكياج
....
maquillaje

روج
....
lápiz labial

طلاء أظافر
....
laca para uñas

قطن
....
algodón

مقص أظافر
....
tijera para uñas

عطر
....
perfume

سلة الغسيل

neceser

مقعد صغير

taburete

ميزان

balanza

معطف الحمام

bata de baño

قفازات مطاطية

guantes de goma

سدادة قطنية

tampón

منشفة صحية

compresa

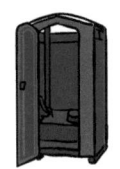

تواليت كيميائية

wáter químico

غرفة الأطفال

cuarto de los niños

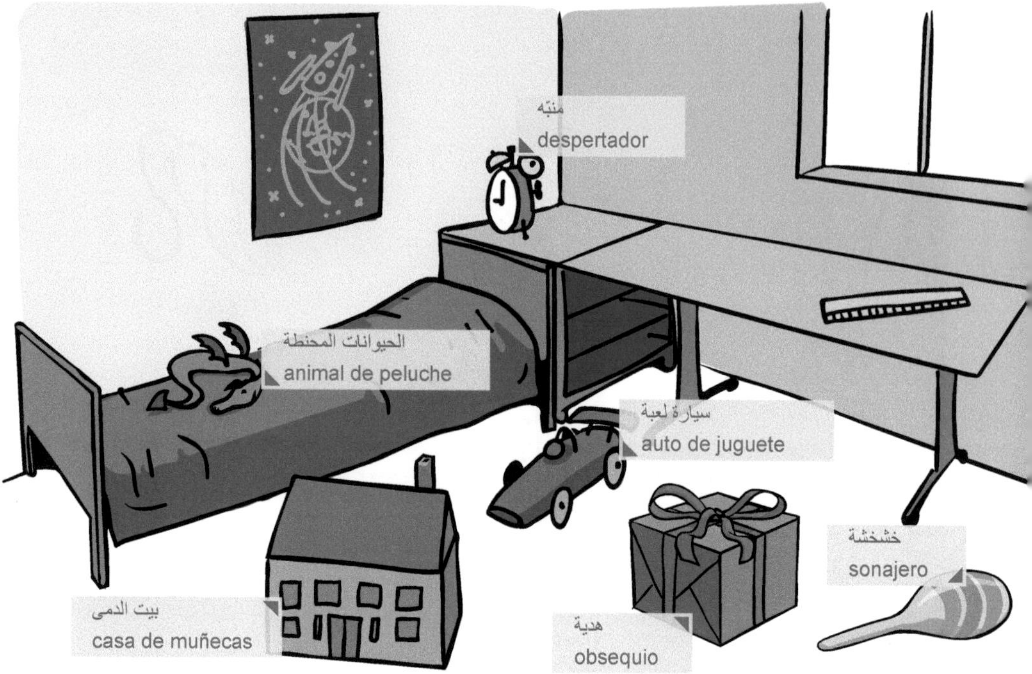

منبّه
despertador
الحيوانات المحنطة
animal de peluche
سيارة لعبة
auto de juguete
خشخشة
sonajero
بيت الدمى
casa de muñecas
هدية
obsequio

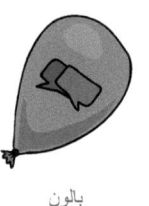

بالون
....
globo

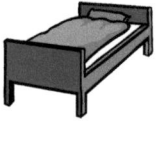

سرير
....
cama

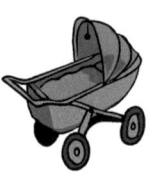

عربة الأطفال
....
cochecito para niños

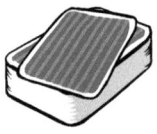

لعبة الورق
....
juego de barajas

أحجية
....
rompecabezas

SUPER MEGA

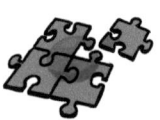

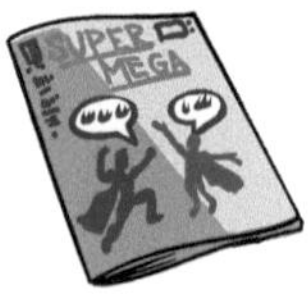

رسوم هزلية
....
cómic

أحجار الليغو

piezas de Lego

حجارة تركيب

bloques para jugar

دمية بطل

figura de acción

لباس الطفل

pijama de una pieza

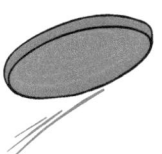

فريسبي

frisbee

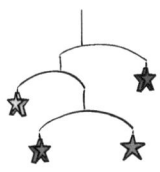

دمية معلّقة

móvil

لعبة الطاولة

juego de mesa

لعبة النرد

dado

لعبة قطار

tren eléctrico a escala

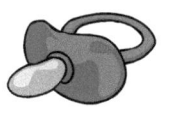

مصّاصة

chupete

حفلة

fiesta

كتاب مصوّر

libro de dibujos

كرة

pelota

دمية

títere

يلعب

jugar

ملعب رملي للأطفال

arenero

أرجوحة

columpio

لعبة

juguetes

ألعاب فيديو

consola de videojuego

دراجة ثلاثية

triciclo

دمية على شكل الدب

osito de peluche

خزانة الثياب

guardarropa

ثياب

vestimenta

جوارب قصيرة

calcetines

جوارب طويلة

medias

جورب بنطلون

panti

شال
chal

حزام
cinturón

شمسية
paraguas

تي شيرت
camiseta

حذاء شتوي
botas

شبشب
zapatilla

أحذية رياضية
deportivas

صندل
....
sandalias

حذاء
....
zapatos

جزمة كاوتشوك
....
botas de goma

سروال داخلي
....
ropa interior

صدّارة
....
corpiño

قميص داخلي
....
camiseta

لباس ملاصق للجسم

body

بنطلون

pantalón

جينز

jeans

تنورة

falda

بلوزة

blusa

قميص

camisa

سترة قطنية

pullover

كنزة كم طويل

sweater

سترة فضفاضة

blazer

سترة

chaqueta

معطف

abrigo

معطف مطري

impermeable

زي - طقم نسائي

traje chaqueta

ثوب

vestido

ثوب الزفاف

vestido de bodas

طقم

traje

قميص نوم

camisón

بيجاما

pijama

ساري

sari

حجاب

pañuelo de cabeza

عمامة

turbante

برقع

burka

قفطان

caftán

عباءة

abaya

مايوه

traje de baño

سروال سباحة

bañador

شرت

shorts

بدلة رياضية

chándal

مئزر

delantal

قفازات

guante

زر

botón

نظّارة

gafa

إسوارة

brazalete

عقد

cadena

خاتم

anillo

قرط

aro

طاقيّة

gorra

علاقة ثياب

percha

قبّعة

sombrero

ربطة العنق

corbata

سحّاب

cierre a cremallera

خوذة

casco

حمّالة البنطلون

tiradores

اللباس المدرسي

uniforme escolar

زي موحّد

uniforme

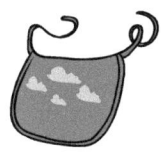

مريلة الأطفال

babero

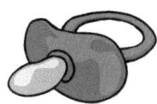

مصّاصة

chupete

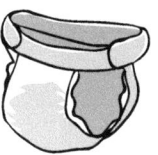

لفافة

pañal

مكتب

oficina

المخدّم
servidor
خزانة الملفات
archivador
طابعة
impresora
ورقة
papel
شاشة
monitor
فارة
ratón
طاولة المكتب
escritorio
ملف
carpeta
لوحة المفاتيح
teclado
قماما
cesto de papeles
حاسوب
ordenador
كرسي
silla

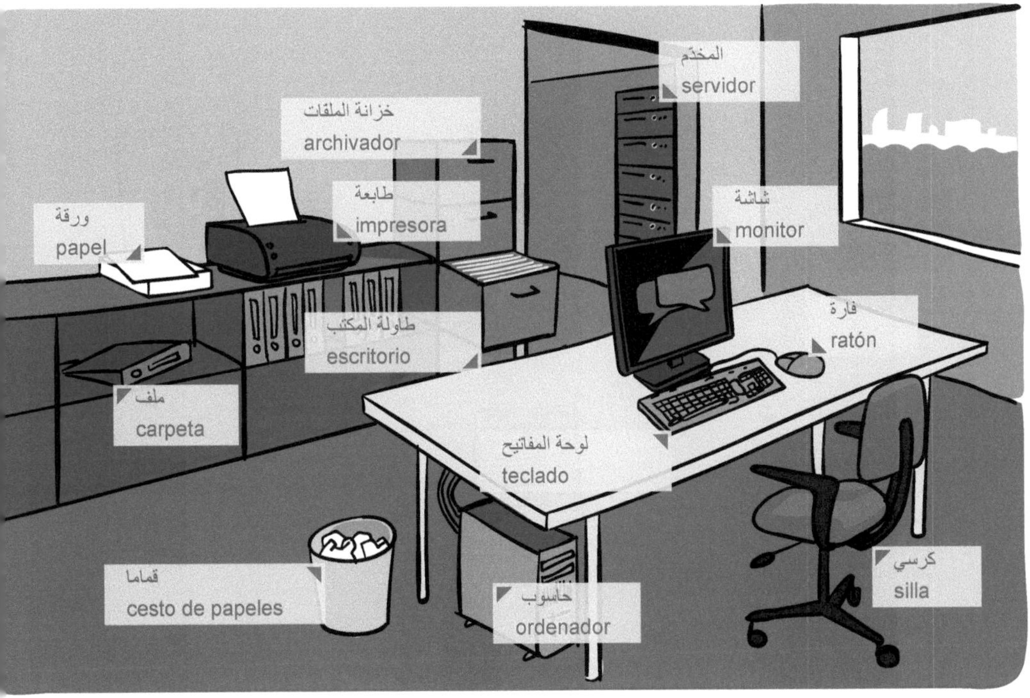

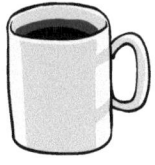

كأس من القهوة

taza de café

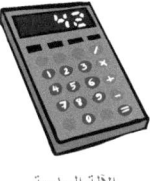

الآلة الحاسبة

calculadora

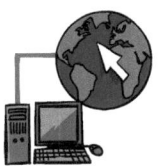

الإنترنت

internet

الحاسوب المحمول

laptop

رسالة

carta

خبر

mensaje

الهاتف المحمول

teléfono móvil

شبكة

red

جهاز تصوير

fotocopiadora

البرمجيات

software

هاتف

teléfono

مقبس كهرباني

tomacorriente

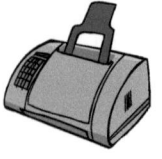

فاكس

máquina de fax

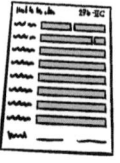

استمارة

formulario

وثيقة

documento

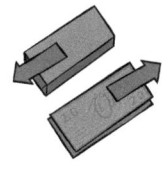

يَشْتَري

comprar

يدفع

pagar

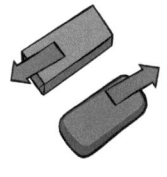

يتاجر

comerciar

مال

dinero

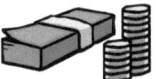

دولار

dólar

يورو

euro

ين

yen

روبل

rublo

فرنك سويسري

franco

يوان

renminbi

روبية

rupia

صراف آلي

cajero automático

مكتب صرافة

casa de cambio

ذهب

oro

فضة

plata

نفط

petróleo

طاقة

energía

سعر

precio

عقد

contrato

ضريبة

impuesto

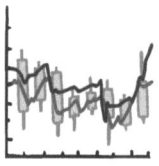

سهم

acción

يعمل

trabajar

موظف

empleado

رب العمل

empleador

مصنع

fábrica

متجر

negocio

المِهَن
ocupaciones

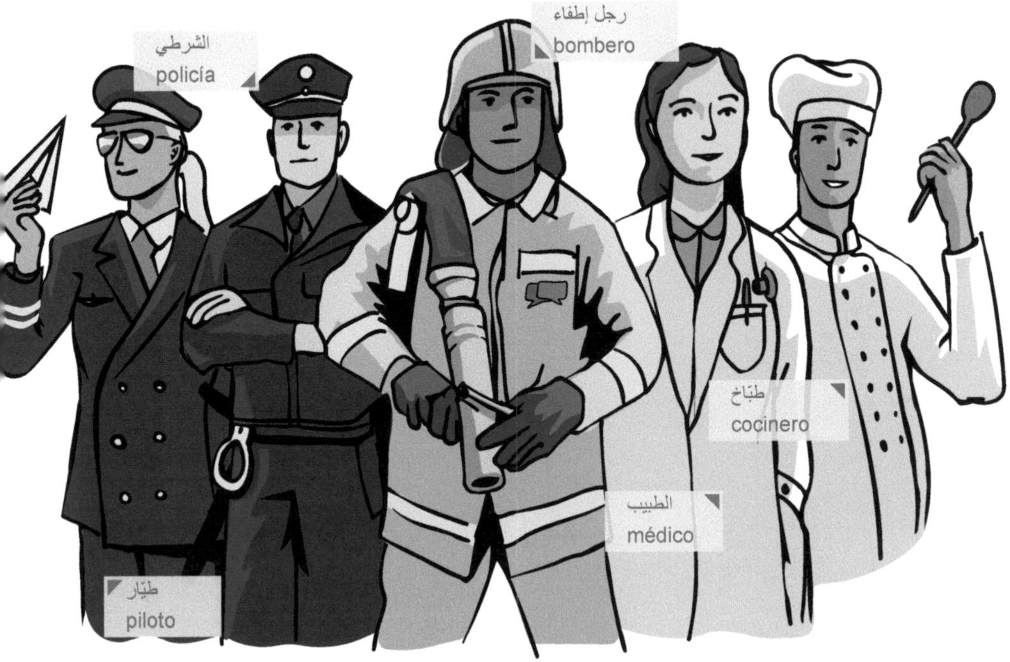
رجل إطفاء
bombero
الشرطي
policía
طبّاخ
cocinero
الطبيب
médico
طيّار
piloto

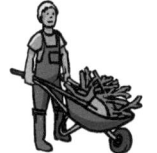

بستاني
....
jardinero

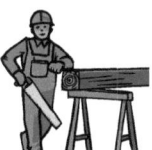

نجّار
....
carpintero

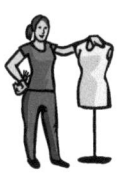

خيّاطة
....
costurera

قاض
....
juez

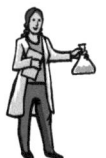

كيميائي
....
químico

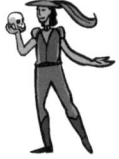

ممثل
....
actor

سائق حافلة

conductor de autobús

سائق تاكسي

taxista

صياد سمك

pescador

أجيرة للتنظيف

mujer de la limpieza

بنّاء سقف

techista

نادل

camarero

صيّاد

cazador

رسّام

pintor

خبّاز

panadero

كهربائي

electricista

عامل بناء

albañil

مهندس

ingeniero

لحّام

carnicero

سمكري

fontanero

ساعي البريد

cartero

جندي

soldado

مهندس معماري

arquitecto

أمين صندوق

cajero

بائع الزهور

florista

حلاق

peluquero

مراقب القطار

cobrador

ميكانيكي

mecánico

قبطان

capitán

طبيب أسنان

odontólogo

رجل العلم

científico

حاخام

rabino

إمام

imam

راهب

monje

كاهن

párroco

عدة عمل

herramientas

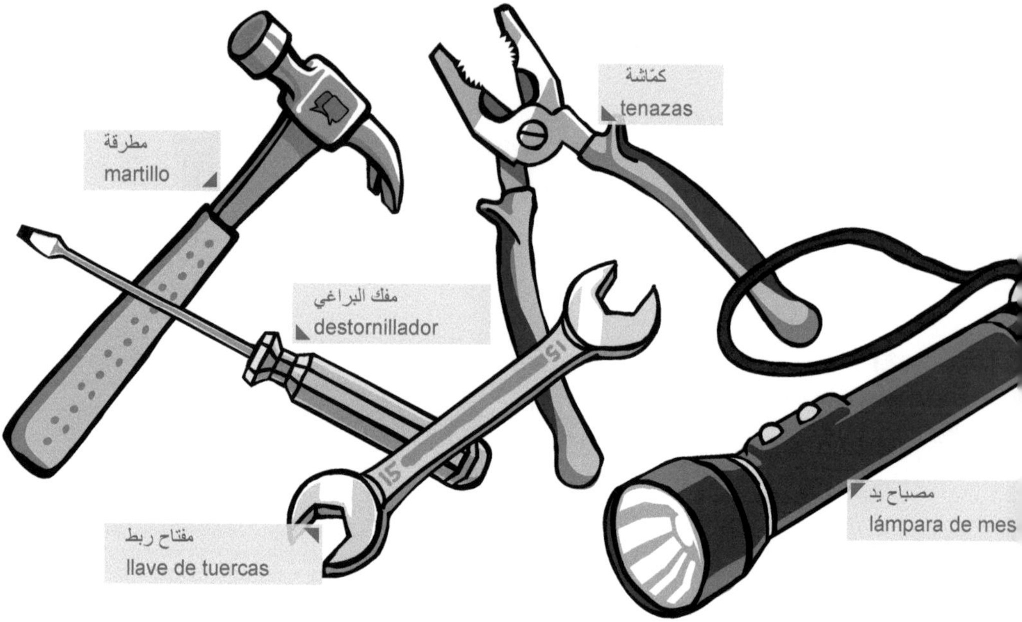

كمّاشة
tenazas
مطرقة
martillo
مفك البراغي
destornillador
مفتاح ربط
llave de tuercas
مصباح يد
lámpara de mes

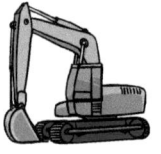

جرافة

excavadora

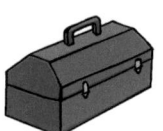

صندوق العدة

caja de herramientas

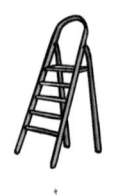

سلّم

escalerilla

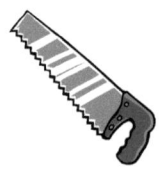

منشار

serrucho

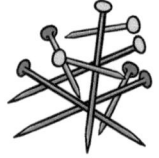

مسامير

clavos

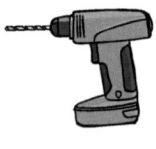

مثقب

taladro

يصلح
....
reparar

مجرفة
....
pala

اللعنة
....
¡Maldición!

لقاطة الكناسة
....
recogedor

سطل الألوان
....
lata de pintura

براغي
....
tornillos

آلات موسيقية

instrumentos musicales

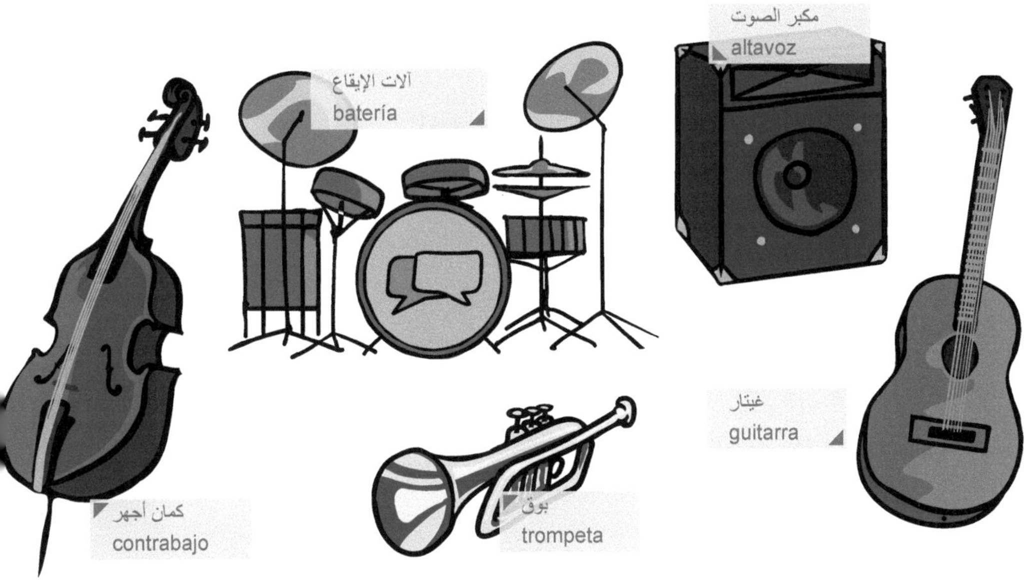

مكبر الصوت
altavoz

آلات الإيقاع
batería

غيتار
guitarra

كمان أجهر
contrabajo

بوق
trompeta

بيانو

piano

كمنجة

violín

جهير

bajo

طبل كبير

timbales

طبل

tambor

بيانو كهرباني

teclado

ساكسوفون

saxofón

ناي

flauta

ميكروفون

micrófono

حديقة حيوانات

zoológico

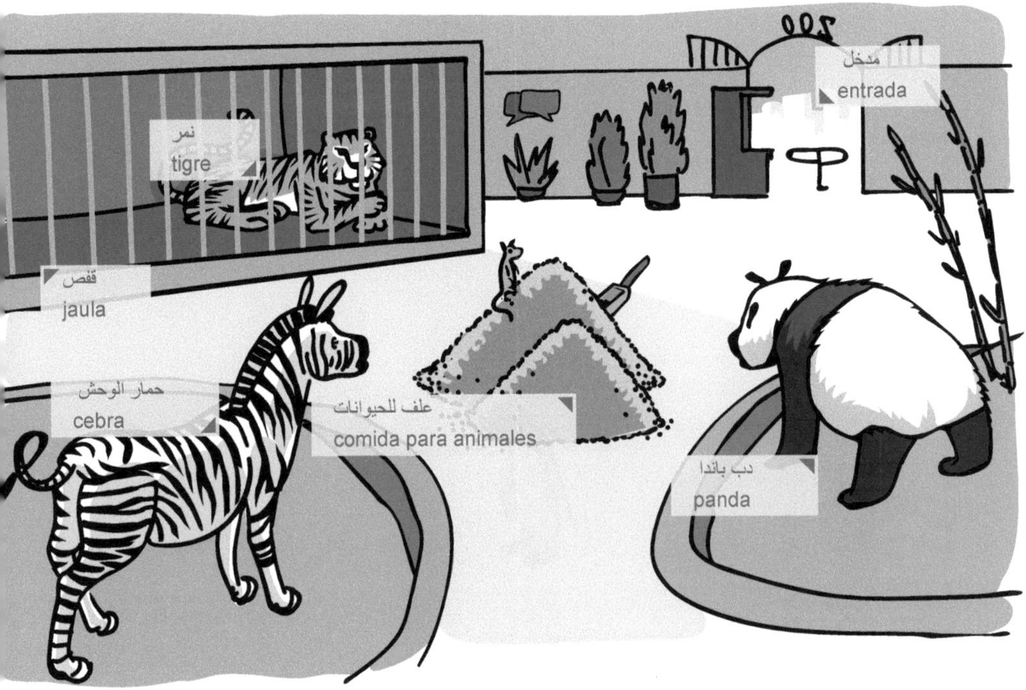

مدخل
entrada
نمر
tigre
قفص
jaula
حمار الوحش
cebra
علف للحيوانات
comida para animales
دب باندا
panda

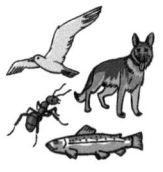

حيوانات
....
animales

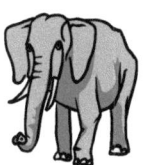

فيل
....
elefante

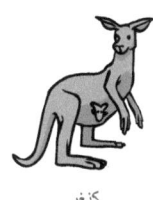

كنغر
....
canguro

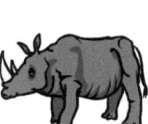

وحيد القرن
....
rinoceronte

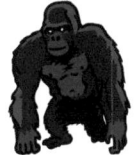

غوريلا
....
gorila

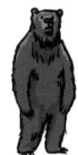

دب
....
oso

جمل

camello

نعامة

avestruz

أسد

león

قرد

mono

طائر فلامينغو

flamengo

ببغاء

papagayo

دب قطبي

oso polar

بطريق

pingüino

سمك القرش

tiburón

طاووس

pavo real

أفعى

serpiente

تمساح

cocodrilo

حارس في حديقة الحيوان

cuidador del zoológico

عجل البحر

foca

نمر أمريكي مرقط

jaguar

فرس قزم

pony

نمر

leopardo

فرس النهر

hipopótamo

زرافة

jirafa

نسر

águila

خنزير برّي

jabalí

سمك

pescado

سلحفاة

tortuga

حيوان فظ البحري

morsa

ثعلب

zorro

غزال

gacela

كرة القدم الأمريكية
fútbol americano

ركوب الدراجات
ciclismo

كرة التنس
tenis

كرة السلة
baloncesto

السباحة
natación

الملاكمة
boxeo

هوكي الجليد
hockey sobre hielo

كرة القدم
fútbol

الريشة الطائرة
badminton

ألعاب القوى الخفيفة
atletismo

كرة اليد
balonmano

التزلج على الثلج
esquí

بولو
polo

نشاطات
actividades

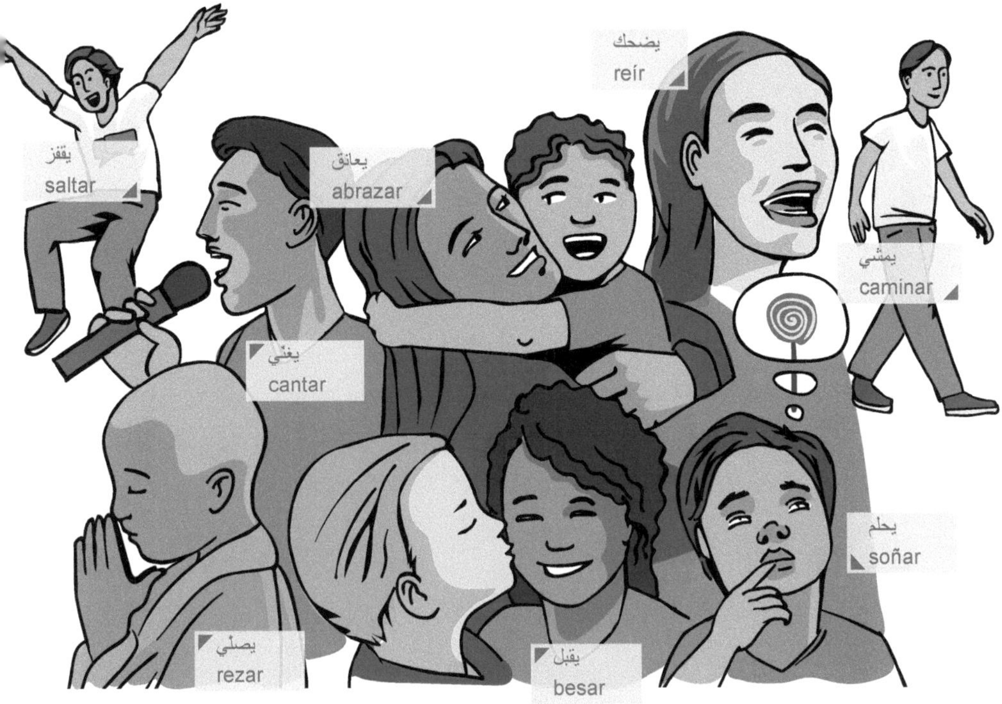
يقفز
saltar
يعانق
abrazar
يضحك
reír
يمشي
caminar
يغنّي
cantar
يحلم
soñar
يصلّي
rezar
يقبل
besar

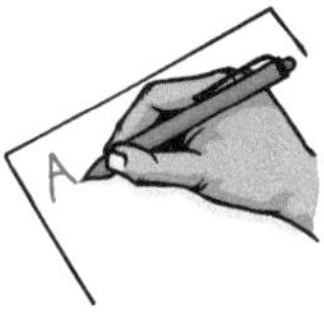

يكتب
....
escribir

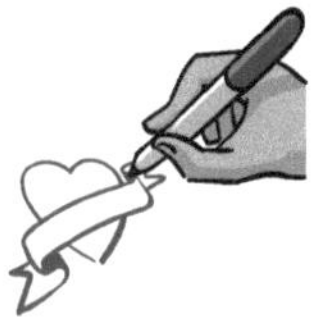

يرسم
....
dibujar

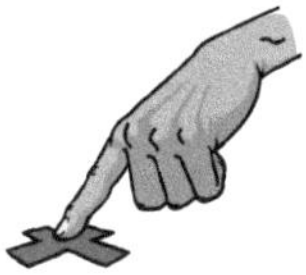

يُري
....
mostrar

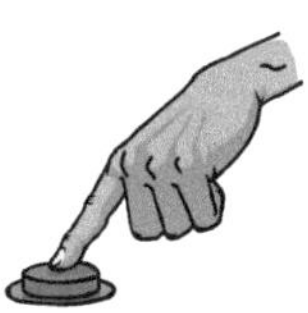

يدفع
....
presionar

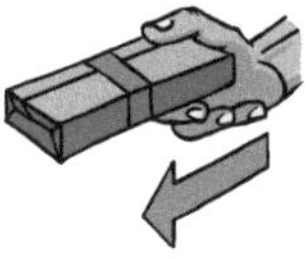

يعطي
....
dar

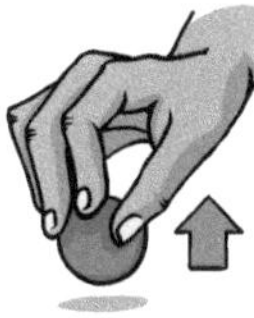

يأخذ
....
tomar

يملك
....
tener

يعمل
....
hacer

يوجد
....
ser

يقف
....
estar de pie

يركض
....
correr

يسحب
....
tirar

يرمي
....
arrojar

يقَع
....
caer

يستلقي
....
estar acostado

ينتظر
....
esperar

يحمل
....
llevar

يجلس
....
estar sentado

يلبس
....
vestirse

ينام
....
dormir

يستيقظ
....
despertar

ينظر إلى ..

mirar

يبكي

llorar

يمسّد

acariciar

يمشّط

peinarse

يتكلم

conversar

يفهم

entender

يسأل

preguntar

يسمع

oír

يشرب

beber

يأكل

comer

يرتب

asear

يحب

amar

يطبخ

cocinar

يقود

conducir

يطيّر

volar

يبحر بزورق شراعي

navegar

يحسب

calcular

يقرأ

leer

يتعلم

aprender

يعمل

trabajar

يتزوج

casarse

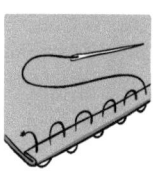

يخيط

coser

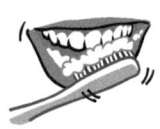

ينظف أسنانه

limpiarse los dientes

يقتل

matar

يدخن

fumar

يرسل

enviar

عائلة
familia

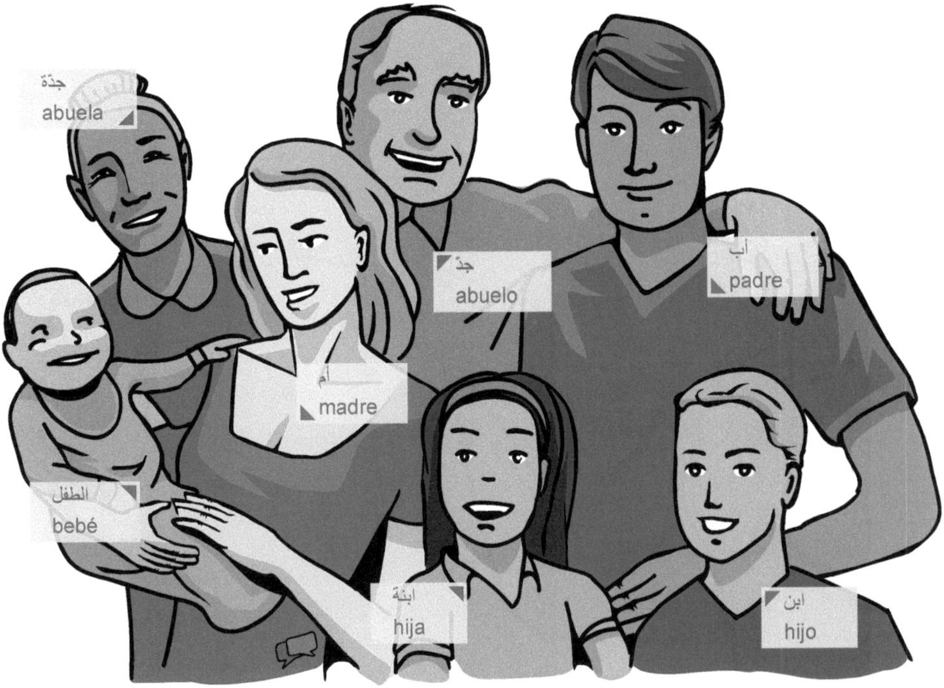

جدّة
abuela
جدّ
abuelo
أب
padre
أم
madre
الطفل
bebé
ابنة
hija
ابن
hijo

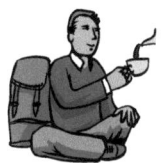

ضيف

invitado

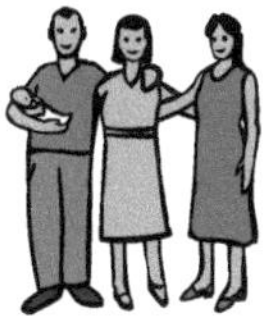

عمّة / خالة

tía

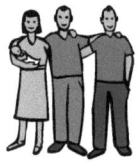

عمّ / خال

tío

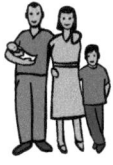

أخ

hermano

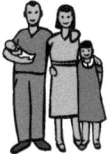

أخت

hermana

الجسم

cuerpo

الجبين
frente
العين
ojo
الكتف
hombro
الإصبع
dedo
الوجه
cara
الذقن
barbilla
اليد
mano
الساق
pierna
الصدر
pecho
الذراع
brazo

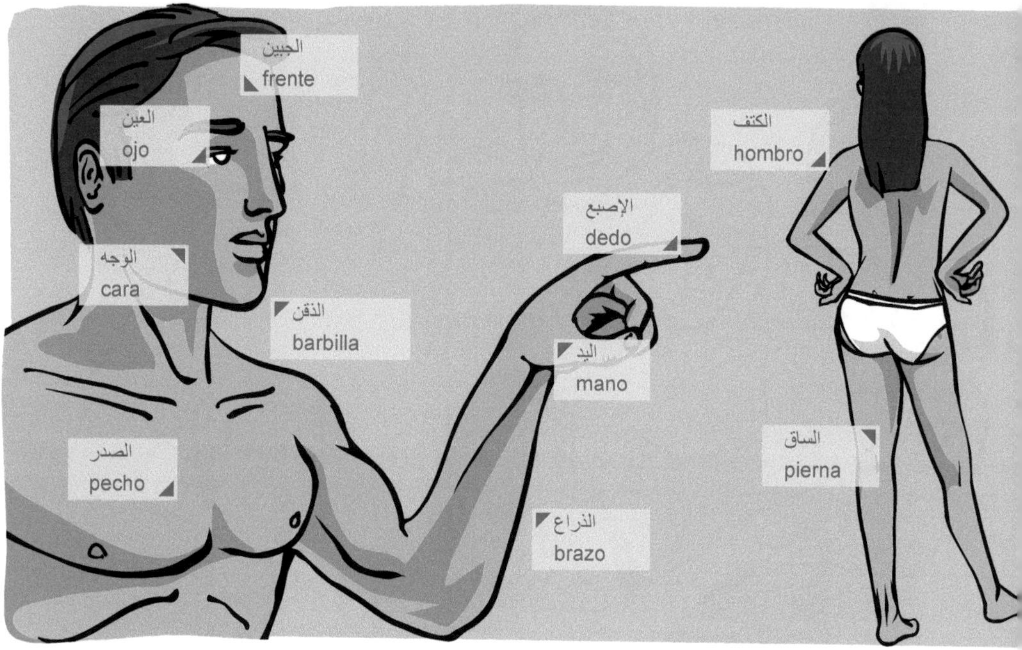

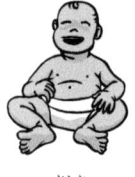

الطفل

bebé

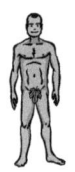

الرجل

hombre

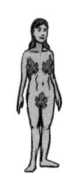

المرأة

mujer

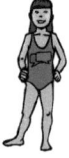

البنت

muchacha

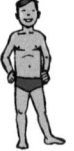

الولد

joven

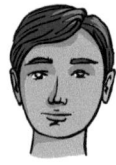

الرأس

cabeza

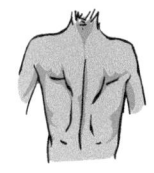

الظهر

espalda

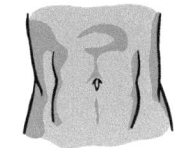

البطن

vientre

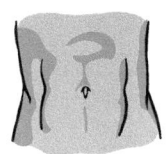

السُرّة

ombligo

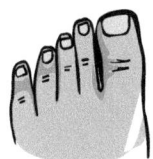

إصبع القدم

dedo del pie

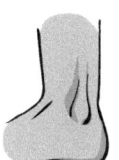

الكعب

talón

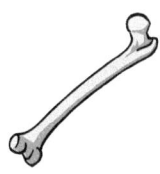

العظم

hueso

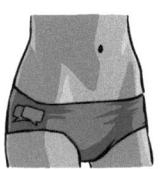

الورك

cadera

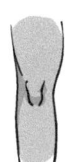

الركبة

rodilla

المرفق

codo

الأنف

nariz

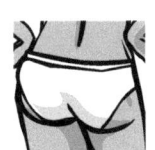

العَجُز

trasero

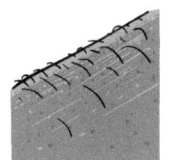

البشرة

piel

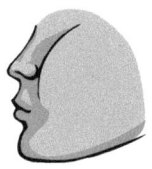

الخد

mejilla

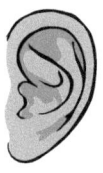

الأذن

oreja

الشفة

labio

الفم

boca

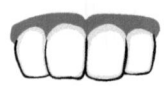

السن

diente

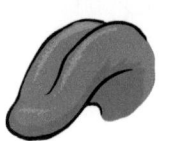

اللسان

lengua

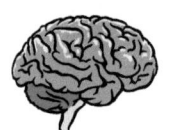

الدماغ

cerebro

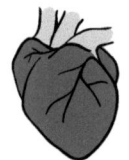

القلب

corazón

العضلة

músculo

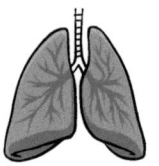

الرئة

pulmón

الكبد

hígado

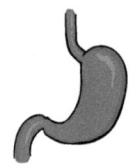

المعدة

estómago

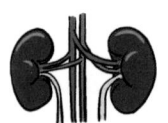

الكلى

riñones

الاتصال الجنسي

relación sexual

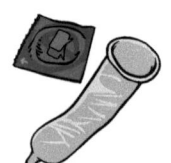

الواقي المطاطي

condón

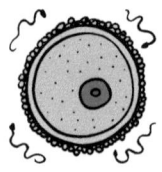

البويضة

Óvulo

المنيّ

esperma

الحمل

embarazo

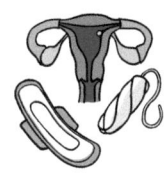

الحيض

menstruación

المهبل

vagina

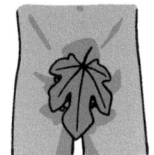

القضيب

pene

الحاجب

ceja

الشعر

cabello

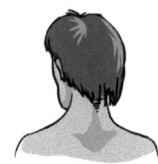

الرقبة

cuello

المستشفى
hospital

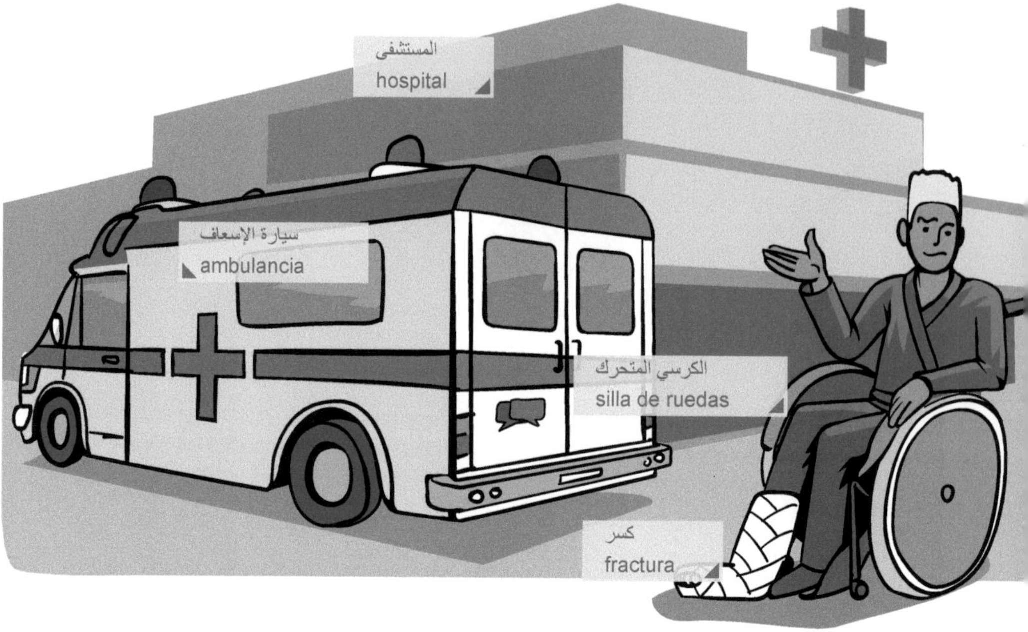

المستشفى
hospital
سيارة الإسعاف
ambulancia
الكرسي المتحرك
silla de ruedas
كسر
fractura

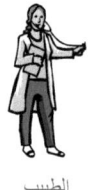

الطبيب
....
médico

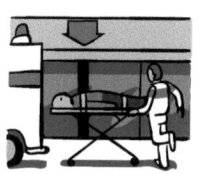

غرفة الإسعاف
....
admisión de urgencia

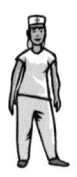

الممرضة
....
enfermera

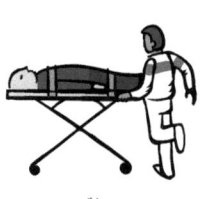

حالة
....
emergencia

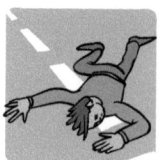

مغمى عليه
....
inconsciente

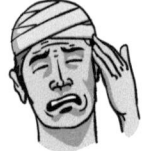

الألم
....
dolor

اصابة
lesión

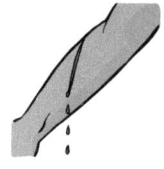

النزيف
hemorragia

احتشاء القلب
infarto de miocardio

جلطة
apoplejía cerebral

حسسية
alergia

السعال
tos

الحُمَى
fiebre

إنفلونزا
gripe

الإسهال
diarrea

وجع الرأس
dolor de cabeza

السرطان
cáncer

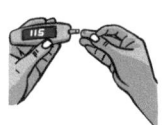

مرض السكر
diabetes

جرّاح
cirujano

مبضع
escalpelo

عملية
operación

سيتي سكان
TC

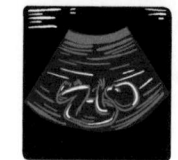

الأشعة السينية
rayos X

فوق الصوتي
ultrasonido

القناع
máscara

المرض
enfermedad

غرفة الانتظار
sala de espera

العُكاز
muleta

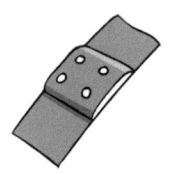

شريط لاصق
emplasto

ضماد
vendaje

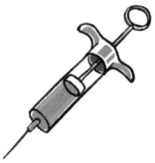

حقنة
inyección

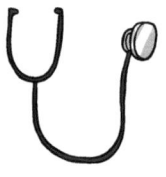

سمَاعة الطبيب
estetoscopio

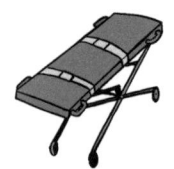

نقالة
camilla

ميزان حرارة
termómetro

ولادة
nacimiento

وزن زائد
sobrepeso

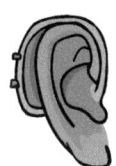

جهاز السمع
audífono

المواد المعقمة
desinfectante

عدوى
infección

فيروس
virus

الإيدز
VIH / SIDA

الطب
medicina

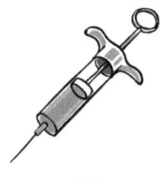

اللقاح
vacunación

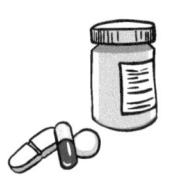

أقراص الدواء
comprimido

حبّة الدواء
píldora anticonceptiva

نداء النجدة
llamada de emergencia

مقياس ضغط الدم
medidor de presión arterial

مريض / صحيح
enfermo / saludable

النجدة!

¡Ayuda!

إنذار

alarma

اعتداء

asalto

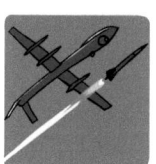

هجوم

ataque

خطر

peligro

مخرج طوارئ

salida de emergencia

حريق!

¡Fuego!

جهاز الإطفاء

extintor

حادث

accidente

حقيبة الإسعاف الأولي

kit de primeros auxilios

أنقذونا

SOS

الشرطة

Policía

أوروبا

Europa

أمريكا الشمالية

América del Norte

أمريكا الجنوبية

América del Sur

أفريقيا

África

آسيا

Asia

أستراليا

Australia

المحيط الأطلسي

Atlántico

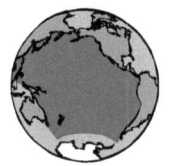

المحيط الهادي

Pacífico

المحيط الهندي

Océano Índico

المحيط المتجمد الجنوبي

Océano Antártico

المحيط المتجمد الشمالي

Océano Ártico

القطب الشمالي

Polo Norte

القطب الجنوبي

Polo Sur

منطقة القطب الجنوبي

Antártida

أرض

Tierra

بر

país

بحر

mar

جزيرة

isla

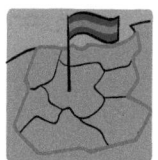

أمة

nación

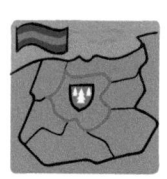

دولة

Estado

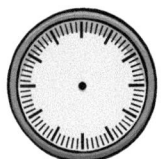

ميناء الساعة

cuadrante

عقرب الساعات

horario

عقرب الدقائق

minutero

عقرب الثواني

segundero

كم الساعة الآن؟

¿Qué hora es?

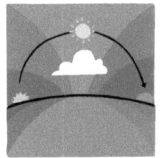

يوم

día

زمن

tiempo

الآن

ahora

ساعة رقمية

reloj digital

دقيقة

minuto

ساعة

hora

semana

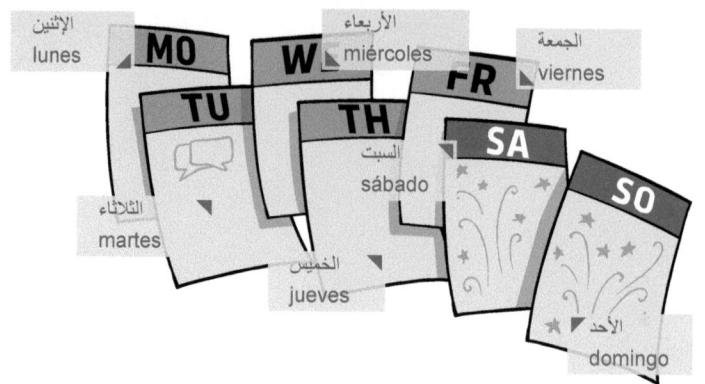

الإثنين
lunes

الأربعاء
miércoles

الجمعة
viernes

الثلاثاء
martes

الخميس
jueves

السبت
sábado

الأحد
domingo

الأمس
ayer

اليوم
hoy

غدا
mañana

الصباح
mañana

الظهر
mediodía

المساء
tarde

أيام العمل
jornada de trabajo

نهاية الأسبوع
fin de semana

سنة

año

مطر
lluvia
قوس قزح
arco iris
ريح
viento
ثلج
nieve
الربيع
primavera
الصيف
verano
الخريف
otoño
الشتاء
invierno

4.APRIL 11°
5.APRIL 4°
6.APRIL 13°
7.APRIL 8°
8.APRIL 10°

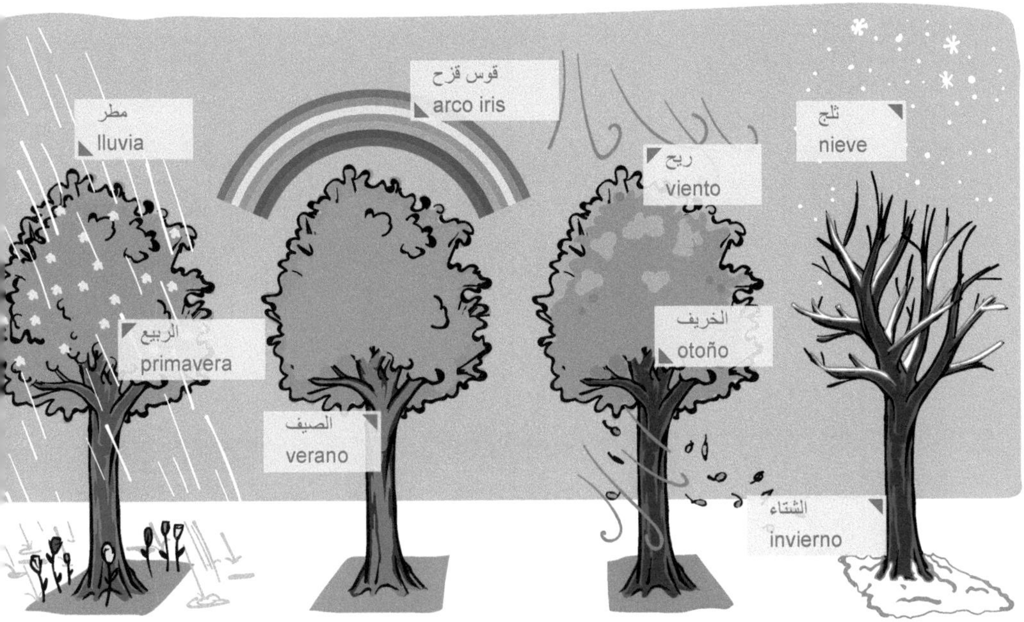

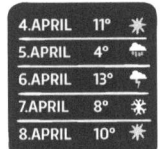

التنبّؤ بالحالة الجوية
....
pronóstico meteorológico

F C
120 90 60 30 0 -30
40 30 20 10 0 -10 -20

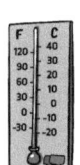

مقياس حرارة
....
termómetro

ضوء الشمس
....
luz solar

سحابة
....
nube

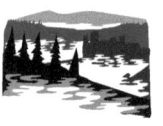

ضباب
....
niebla

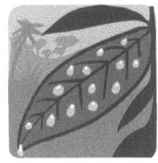

رطوبة الجو
....
humedad ambiente

برق
....
relámpago

رعد
....
trueno

عاصفة
....
tormenta

بَرَد
....
granizo

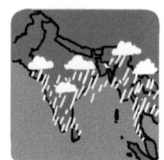

ريح موسمية
....
monzón

طوفان
....
inundación

جليد
....
hielo

كانون الثاني / يناير
....
enero

شباط / فبراير
....
febrero

آذار / مارس
....
marzo

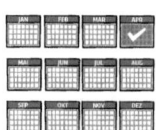

نيسان / أبريل
....
abril

أيار / مايو
....
mayo

حزيران / يونيو
....
junio

تموز / يوليو
....
julio

آب / أغسطس
....
agosto

سنة - año

أيلول / سبتمبر
....
septiembre

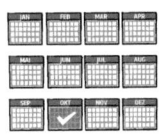

تشرين الأول / أكتوبر
....
octubre

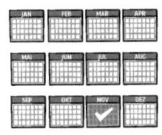

تشرين الثاني / نوفمبر
....
noviembre

كانون الأول / ديسمبر
....
diciembre

أشكال

formas

دائرة
....
círculo

مربّع
....
cuadrado

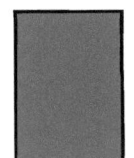

مستطيل
....
rectángulo

مثلّث
....
triángulo

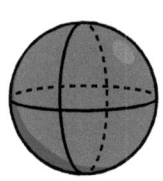

كرة
....
esfera

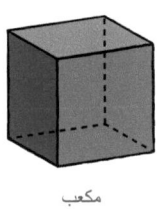

مكعّب
....
cubo

أبيض

blanco

أصفر

amarillo

برتقالي

anaranjado

وردي

rosa

أحمر

rojo

بنفسجي

lila

أزرق

azul

أخضر

verde

بنّي

marrón

رمادي

gris

أسود

negro

opuestos

كثير / قليل

mucho / poco

غضبان / هادئ

enojado / calmado

جميل / قبيح

bonito / feo

بداية / نهاية

comienzo / fin

كبير / صغير

grande / pequeño

فاتح / قاتم

claro / oscuro

أخ / أخت

hermano / hermana

نظيف / وسخ

limpio / sucio

كامل / ناقص

completo / incompleto

نهار / ليل

día / noche

ميت / حيّ

muerto / vivo

عريض / ضيّق

ancho / angosto

صالح للأكل / غير صالح

disfrutable / no disfrutable

شرّير / لطيف

malo / amigable

مثير / ممل

excitado / aburrido

سمين / نحيف

gordo / delgado

أولا / أخيراً

primero / último

صديق / عدو

amigo / enemigo

مليء / فارغ

lleno / vacío

صلب / ليّن

duro / suave

ثقيل / خفيف

pesado / liviano

جوع / عطش

hambre / sed

مريض / صحيح

enfermo / saludable

غير شرعي / شرعي

ilegal / legal

ذكي / غبي

inteligente / tonto

يسار / يمين

izquierda / derecha

قريب / بعيد

cercano / lejano

جديد / مستعمل

nuevo / usado

لا شيء / بعض الشيء

nada / algo

مسن / شاب

viejo / joven

يشعل / يطفئ

encendido / apagado

مفتوح / مغلق

abierto / cerrado

خافت / عالٍ

bajo / fuerte

غني / فقير

rico / pobre

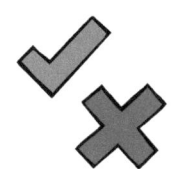

صح / خطأ

correcto / incorrecto

أحرش / أملس

áspero / liso

حزين / سعيد

triste / alegre

قصير / طويل

breve / extenso

بطيء / سريع

lento / veloz

مبلول / جاف

mojado / seco

ساخن / بارد

caliente / frío

حرب / سلم

guerra / paz

números

0

صفر

cero

1

واحد

uno

2

اثنان

dos

3

ثلاثة

tres

4

أربعة

cuatro

5

خمسة

cinco

6

ستة

seis

7

سبعة

siete

8

ثمانية

ocho

9

تسعة

nueve

10

عشرة

diez

11

أحد عشر

once

12

اثنا عشر

doce

13

ثلاثة عشر

trece

14

أربعة عشر

catorce

15

خمسة عشر

quince

16

ستة عشر

dieciséis

17

سبعة عشر

diecisiete

18

ثمانية عشر

dieciocho

19

تسعة عشر

diecinueve

20

عشرون

veinte

100

مائة

cien

1.000

ألف

mil

1.000.000

مليون

millón

الإنكليزية

inglés

الإنكليزية الأمريكية

inglés estadounidense

لغة ماندارين الصينية

chino mandarín

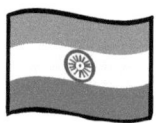

الهندية

hindi

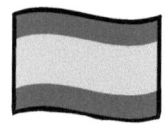

الإسبانية

español

الفرنسية

francés

العربية

árabe

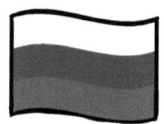

الروسية

ruso

البرتغالية

portugués

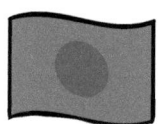

البنغالية

bengalí

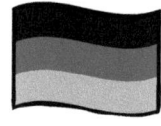

الألمانية

alemán

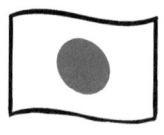

اليابانية

japonés

أنا

yo

أنت

tú

هو / هي

él / ella

نحن

nosotros

أنتم

vosotros

هم

ellos

من؟

¿quién?

ماذا؟

¿qué?

كيف؟

¿cómo?

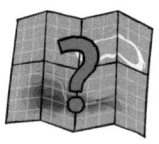

أين؟

¿dónde?

متى؟

¿cuándo?

اسم

nombre

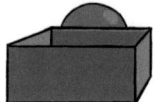

خلف

detrás

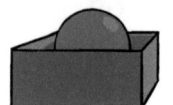

في

en

أمام

delante de

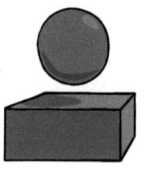

فوق

encima de

على

sobre

تحت

debajo de

جنب

junto a

بين

entre

مكان

lugar